मुसाफिर की बातें

पार्थसिंह राजपूत

Made with ♥ on the Notion Press Platform
www.notionpress.com

प्रिय पाठकों को,

मैं अपनी कविता संग्रह "मुसाफिर की बातें" को आप सभी को समर्पित करता हूं। यह किताब मेरे लिए अद्भुत एकांत और संवाद का साधन बनी है। मैंने इस कविता संग्रह में सभी जीवन के पहलूओं को समाविष्ट करने का प्रयास किया है, जो जन्म से मृत्यु तक के सफर में हम सभी भूमिकाएं निभाते हैं। इस सफलता को प्राप्त करने में आप सभी के प्यार और समर्थन का बड़ा योगदान है। आपके साथ यह सफलता साझा करने पर मुझे गर्व महसूस हो रहा है।

क्रम-सूची

क्रम-सूची

क्रम-सूची

प्रस्तावना

जीवन का यह सफर, जिसे हम "मुसाफिरी" कहते हैं, हमें समझाता है कि हमारा अस्तित्व एक सुंदर उपहार है। यह किताब विभिन्न रंगों और भावों से भरी है, जो जीवन की विविधता को दर्शाते हैं। इसमें प्रत्येक कविता एक अलग-अलग संवाद को प्रस्तुत करती है और हमें याद दिलाती है कि हम सभी इस अनोखी यात्रा के एक अद्भुत हिस्से हैं। हम जन्म से मृत्यु तक जीवन के सभी संघर्षों और सुख-दुखों को उजागर करते हुए, इस पुस्तक के माध्यम से जीवन की सच्चाई को बयां करने का प्रयास किया है।

भूमिका

मेरी कविताएं एक संघर्ष, प्रेम, संतुष्टि, और आनंद की कहानी कहती हैं। इस किताब में मैंने विभिन्न पहलुओं को समाविष्ट किया है जैसे कि परिवार, मित्रता, समय का महत्व, और आत्म-विकास। इसमें आपको अपने आत्म-विश्वास को बढ़ाने, आपसी संबंधों को मजबूत करने, और जीवन की सच्चाई का सामना करने के लिए प्रेरित करने वाली कविताएं मिलेंगी।

"मुसाफ़िर हूं यारों, चलता जा रहा हूं।
हर लम्हे को जीते हुए, सफ़र की अंत की ओर,
मुसाफ़िर हूं यारों सफ़र को जी रहा हूं।।"

आमुख

मैं अपनी कविताओं को आप सभी तक पहुंचाने के लिए आपका आभारी हूं। यह सफलता मेरे लिए अपने आप में एक अद्भुत अनुभव है और आप सभी ने इसे साकार किया है। मेरी शुभकामनाएं और आभार आप सभी के साथ हैं। कृपया इस सफलता के साथ इस साहित्यिक यात्रा का हिस्सा बनते रहें और आगामी लेखन को भी अपना समर्थन और प्रेम देते रहें।

1. मुसाफ़िर हूं यारों

कहीं राहों से गुज़र चुका हूं,
ना जाने कितने चौराहों से गुज़रा हूं,
ना जाने कितने राहो से निकला हूं,
चलता जा रहा हूं मुसाफ़िर की तरह हूं।
ज़िन्दगी की हौड़ में बड़ा रहे हैं कदम,
ये कैसी हौड़ है,
जहां अपना अपने को काट रहा हैं,
जहां हर कोई जितना चाहता हैं,
बहुत ही मुश्किल हैं ये सफ़र,
फिर भी मै अपने सफ़र पे चलता जा रहा हूं।
हर कोई सफ़र को काटने में लगा हैं,
हर कोई सफ़र के अंजाम के पीछे हैं,
कोई सफ़र को जीना नहीं चाहता,
हर कोई समय को गुजार रहा हैं,
कितने ही मुसाफ़िर मिले हैं इस राह में,
कुछ साथ चल दिए, कुछ पीछे छूट गए,
साथ चलने वालों ने सफ़र को सुहाना बना दिया,
जो छोड़ गए, वो मासूम है सफ़र से अंजान हैं,
मुसाफ़िर हूं यारों, चलता जा रहा हूं।
हर लम्हे को जीते हुए, सफ़र की अंत की ओर,
मुसाफ़िर हूं यारों सफ़र को जी रहा हूं।।

2. ज़िंदगी का मुसाफ़िर

ज़िंदगी के सफर पे था मुसाफ़िर,
अन्त में अकेला रह गया।
रे मुसाफ़िर तू तो चल रहा था,
सफ़र ए ज़िंदगी में ख़ुद की तलाश में।
इस संसार में भटकता रहा,
अन्त में अकेला रह गया।
नए मुसाफ़िर मिले,
रिस्ते बने, यार मिले,
दिल जुड़े, दिल टूटे।
मिलन जुदाई का समा चलता रहा,
अन्त में अकेला रह गया मुसाफ़िर।
हर नई शुरुआत में,
छोड़ अपना घर - यार,
निकल पड़ा उस के अंजाम पर।
किस्तों में था मुसाफ़िर
अन्त में अकेला रह गया।
चलते चलते हुई उन से मुलाकात,
उस का साथ क्या छूटा,
तेरा तो आशियाना टूटा।
पल पल टूटा था तू तो,
अन्त में अकेला रह गया मुसाफ़िर।
आई मौत तो,
अपने ही छोड़ आए उसे,
ये भी न देखा कहा गया पार्थ।

था अकेला सफ़र पे,
अन्त में भी अकेला रह गया मुसाफ़िर।
ज़िन्दगी की सफ़र पे था मुसाफ़िर,
अन्त में अकेला ही रह गया।

3. पिता

जो बिना किसी वचन के निभाएं ज़िंदगी,
जो दूर हो कर भी हमेशा पास रहा हो,
जो लाखों की भीड़ में भी अलग से नजर आ जाए,
जिसे देख के सारे गम भूल जाने का दिल करता हैं,
जो एहसियत नहीं दिल देखता हैं,
जो मेरी वजह से ख़ुद के लिए ना जिया,
जिनकी गालियों में भी प्यार होता हैं,
जिस की मार में भी सिख छुपी होती हैं,
जिस की उंगलियों के सहारे दुनियां देखी मैंने,
जो मेरे लिए पूरी दुनियां से लड़ने का जिगरा रखें,
वो कोई और नहीं मेरे पापा हैं,
वो कोई और नहीं मेरे पापा हैं।

4. मां की ममता

आज ऐसी बात करने जा रहा हूं,
मां की ममता को हमेशा याद रखता हूं।
जिस के आंचल में छुप के,
दुनिया के सारे डर दूर हो जाए।
जिन के गुस्से से भरी आंखों में भी,
प्यार दिख जाता हैं।
चोट हमे लगती हैं,
पर दर्द उन के अश्कों से छलकता हैं।
ना जाने क्यों कुछ महान आत्मा,
चली है इस सक्सियत को छोड़,
जिस ने हमे चलना सिखाया,
उसी को तू आज बीच राह में छोड़ रहा हैं।
ए मूर्ख जरा तो शर्म कर,
जिस से आज तू है,
उसे यूं बेवजह परेशान न कर।
बस एक बार तू बचपन याद कर,
तुझे आज ये बात याद दिलाना चाहता हूं,
तेरी मां से ही तू हैं।
आज ऐसी बात कर बैठा,
मां की ममता को हमेशा याद रखता हूं।

5. दुनियां एक गिरगिट

मैं कैसे कह दूं दुनियां को मासूम,
मैने जब भी देखा गिरगिट ही देखा हैं।
बच्चों को भूख में सारी रात,
षड्यंत्र की अग्नि में,
इंसानियत का चूल्हा जलते देखा हैं।
बड़पन का दिखावा करते सायो को,
हुकूमत की ताल ठोकते हुए,
राजाओं को देखा हैं।
नीर निरंकार,
घोर अन्धकार,
स्व के सीमा पार,
शमशान में शिव,
पानी में विष्णू,
को भटकते देखा हैं।
मैं कैसे कह दूं दुनियां को मासूम,
मैने जब भी देखा गिरगिट ही देखा हैं।।

6. दुनियां कहती है

दुनियां कहती है, मर्द को दर्द नहीं होता,
बचपन से हमे समाज ने बस ये ही सिखाया है,
रो नहीं तू तो लड़का है, कुछ बोल नहीं तू तो लड़का हैं,
जब लगी छोट हमे बचपन में,
करवा दिया चुप हमे ये बोल के,
तू लड़का है और लड़के रोते नहीं।
क्युकी दुनियां कहती है, मर्द को दर्द नहीं होता।
सफ़र ए ज़िंदगी में उठाने बोझ जिमेदारियो का,
निकला जब घर - बार छोड़ कर वो,
था उदास वो इस जुदाई के एहसास से,
अकेला था अंदर से जब निकला था सफ़र पे,
पर क्या करे वो तो लड़का है,
अपने उदासी को छुपा के मुस्कुराना जो था।
क्यूंकि दुनियां कहती है,मर्द को दर्द नहीं होता।
अकेले चलते चलते मिली ठोकरें उसे,
ना जाने कितनी बार गिरा,
ना जाने कितनी बार उसे तोड़ा,
दुनियां के दस्तूर से ना जाने कितनी ठोकर लगी,
फिर भी अपने अंशुओ का सैलाब पी गया,
वो लड़का जो था।
क्युकी दुनियां कहती है, मर्द को दर्द नहीं होता।
दिल उस में भी था, यूं ही मुलाकातो से,
दिल उस का जुड़ा और कुछ पल बाद,
दिल भी टूटा और उसे भी चोट लगी,

पर वो कर ना पाया अपना हाल ए दिल बया,
वो लड़का जो था।
क्युकी दुनियां कहती है, मर्द को दर्द नहीं होता।
चलते चलते कुछ सवाल रखना चाहूंगा जो अक्सर ख़ुद से करता आया हूं,
क्या लडको में जज़्बात नहीं होते?
क्या लड़के सही में अपने जस्बात बया नहीं कर सकते?
क्या लडको के अस्को में अंशू नहीं होते?
क्या मर्द को वाकई में दर्द नहीं होता है?
आज एक सवाल करता जा रहा हु सभी से।

7. मिट्टी की खुशबू

आज में फिर अतीत में खो गया,
जैसे बारिश की बूंदे गिरी,
और मिट्टी की खुशबू आई ।
वो मोर का नाचना,
पेड़ों का झूमना,
वो खेतों की हरियाली,
याद आ गई कुदरत की माया,
मिट्टी की खुशबू जो आई।
तेरा साथ बैठना,
शाम की हल्की बारिश,
गर्म चाय की वो चुस्की,
याद आ गई वो मुलाकात,
जब मिट्टी की खुशबू आई।
यूं ही खाली रास्तों पे निकल जाना,
बारिश में भीगते हुए,
बौछारों का आनंद लेना,
याद आ गई वो मटरगस्ती,
मिट्टी की खुशबू जो आई।
मां के हांथ के पकोड़े,
बरामदे की बैठक,
सब के साथ ठंडी हवा का आनंद,
याद आ गया वो लम्हा,
मिट्टी की खुशबू जो आई।
आज में फिर अतीत में खो गया,

जैसे बारिश की बूंदे गिरी,
और मिट्टी की खुश्बू आई ,
मिट्टी की खुश्बू जो आई।

8. अंजान राह

आज फिर निकल पड़ा हूं, यू ही एक अंजान राह पर,
ना रास्तों का पता, ना मंजिल का ठिकाना।
निकल पड़ते है ये कदम, मंजिल की तलाश में,
निकल पड़ते है ये कदम, अंजान मंजिल की तलाश में,
हर मंजिल से अपनी होने की उम्मीद में,
निकल पड़ा हूं यू ही, एक अंजान सफ़र पे।
ना जाने कहां जा कर, आज के सफ़र का अंत होगा,
ना जाने कौन सी मंजिल मिलेगी, इस सफ़र में,
चलता रहता हूं यू ही, एक अनजानी तलाश में।
आज फिर निकल पड़ा हूं, यू ही एक अंजान राह पर,
ना रास्तों का पता, ना मंजिल का ठिकाना।
हर कोई है अंजान इस राह पर, हर कोई लगता हैं अपना,
ना जाने कौन सी मंजिल हमें अपना बनाएगी,
ना जाने कौन सी मंजिल हमारा इंतजार कर रही हैं।
आज फिर निकल पड़ा हूं, यू ही एक अंजान राह पर,
ना रास्तों का पता, ना मंजिल का ठिकाना।

9. एक बात

एक बात बोलूं ?
मैं तुम्हारा होना चाहता हूं,
तेरे जस्बातो का एहसास होना चाहता हूं,
तेरे सपनों की उड़ान बनना चाहता हूं,
चाहत से भरे ख्याल सा बनना चाहता हूं।
तुम चलो कभी सुनसान राह पे,
वो अकेली राह का साथी बनना चाहता हूं,
हर सफ़र का हम सफर बनना चाहता हूं,
दुनियां की भीड़ से जुदा हो के,
तेरे सफ़र का एक खास राही बनना चाहता हूं,
तेरे ख्वाबों की हकीकत बनना चाहता हूं,
हर एक मिशाल का हिस्सा बनना चाहता हूं।
हां मैं तुम्हारा होना चाहता हूं।

10. चाय और इंतजार

आज हमारा एक तरफा निभाया हुआ,
रिश्ता भी ठंडा हो रहा हैं,
जैसे तेरे इंतज़ार में ये चाय।
चाय भी महक उठती हैं,
जब उस की तासीर गर्म हो,
ये रिश्ता भी महक जायेगा,
जो तू इसे दिल से निभा ले।
चाहो तुम अगर,
तो समय निकाल ही लोगे,
इंतजार में ये रिश्ता ना ठंडा हो जाए,
इस चाय की तरह।
अगर छूट जाए तो,
जोड़ने की कोशिश ना करना,
ठंडी चाय गर्म कर के,
पीने में मजा नहीं आता।
तभी तो कहता हूं, ठंडा ना होने दे,
ना ये चाय को, ना ही रिश्ते को,
यूं इंतजार करवा के।

11. तुम, बातें और वादे

तुम, तुम्हारी बातें और तुम्हारे वादे,
आवारा मुसाफ़िर से गुज़र गए,
और हम राह के पत्थर बने रह गए।
तुम, तुम्हारी बातें और तुम्हारे वादे,
धूम्रपान दंडिका के धुंए से घूम गए,
और हम राख से ठहर गए।
तुम, तुम्हारी बातें और तुम्हारे वादे,
नेताओं के प्रचार से आएं,
और हम रैली की धूल में घूम हो गए।
तुम, तुम्हारी बातें और तुम्हारे वादे,
बादल से हवा में उड़ गए,
और हम पानी से गिर गए।
तुम, तुम्हारी बातें और तुम्हारे वादे,
आवारा मुसाफ़िर से गुज़र गए,
और हम राह के पत्थर बने रह गए,
मुसाफ़िर के इंतज़ार में,
सुमसान राह बन गए।

12. सुंदरता

पूरे शहर में थी, उस की सुंदरता की चर्चा।
हिरनी सी आंखे, गुलाब के पंख से होंठ,
चांद सा रोशन चेहरा, बादल से केश उस के,
जो देख ले उसे एक पल, उड़ जाते उस के होश थे,
थी चर्चा पूरे शहर में, उस की एक झलक की,
ना जाने कितनों के घर, उस के रूप जाल ने मिटाएं थे,
तन की सुंदरता से उस ने, मन के सभी अवगुण छुपाए थे।
पर थी वो मरती किसी ओर पे,
पर उस ने था ठुकराया, उस की सुंदरता को,
वो एक साधारण सी लकड़ी पे, अपना सब लुटाता था,
जिस का दिल सोने का, और रूप रंग साधारण सा था,
उस के मन की सुंदरता, उसे सब से अच्छी लगती थी।
था एक मुसाफ़िर उस ने तन से ज्यादा,
मन की सुंदरता को चाहा था।

13. दोस्त हूं, खास नहीं

मैं दोस्त सभी का हूं,
पर खास किसी का नहीं।
जब मुझ में और किसी और में,
चुनने का जिक्र होता हैं,
तो मैं अक्सर हार ही जाता हूं।
वो लोग मुझे यूंही बीच मंझदार में,
तन्हा छोड़ के चले जाते हैं,
अक्सर उन पे कोई न कोई होता जो हैं।
मैं सब से बात करता हूं,
पर सब मुझ से बात करे,
मैं इतना खास किसी का नहीं हूं।
क्योंकि मैं दोस्त सभी का हूं,
पर खास किसी का नहीं।

14. हाल ए दिल

ख़ुद को भूला बैठे,
तेरी हर बात को भूलने से पहले।
जला दिया ख़ुद को,
खत तेरे जलाने से पहले।
तुझ को तो याद भी ना होगा,
ख़ुद को कितना मनाया हैं,
तुझे मनाने से पहले।
तूने तो कह दिया,
नसीब में नहीं तू हमारे,
पर मैने तो माँगा था,
तुझे ज़माने से पहले।
तूने तो इल्जामों की बौछार लगा दी,
दिल तो बेज़ूबा हो गया,
हाल ए दिल बतलाने से पहले।

15. जी ले दो पल

देख लो ख़्वाब अब हमारी आंखों से,
थाम लो अब हांथ मेरा,
ज़िन्दगी ख़त्म हुए तो राह में तेरी,
ना हुई तो हम बांहों में तेरे।
सफ़र मिला तो सुहाना पल,
ना मिले तो बुरा दौर निकल गया।
कट जायेगा ये भी पल,
मिट जायेंगे सभी खटास।
क्यूं हो परेशान,
पहुंच जाओगे मंजिल पे,
निकले जो हो सफ़र पे।
कुछ पल हंस के बिताओ,
कुछ पल खुशी में जिओ,
जी लो ज़िन्दगी के दो पल,
क्यूंकि किसने देखा है कल।

16. थमा नहीं हूं

सफ़र में चलते चलते,
अब तो साये ने भी पीछा छोड़ दिया हैं।
कहीं मुसाफ़िर मिले,
कुछ प्यारे लम्हे दे गए,
कुछ ज़िन्दगी की समझ दे गए,
जो कभी हमारे साथ चलते थे,
आज वो हमे काट रहे हैं,
राह से भटका रहे हैं,
अपने होने का एहसास कराया,
उम्र भर साथ चलने का वादा किया,
वो ही छोड़ गए बीच रास्ते में,
मंज़िल कितनी भी दूर हो,
मुसाफ़िर हूं चलता रहूंगा,
निडर रास्तों पे हारे बिना
चलता रहूंगा सफ़र की ओर।

17. जन्मदिवस

जो ख़ुद अनमोल रत्न हैं,
उसे जन्मदिवस पर क्या उपहार दूं।
बहुत कुछ था लिखने को,
पर शब्द ही ना रहें हम पर।
मुलाकात ना हुई कभी,
फिर भी अजनबी नहीं हो।
जीवन का हर दिन खुशियां लाए,
अश्क ना आ सके उस के नयनों में,
सदा यूं ही मुस्कुराहट रहे तेरे चेहरे पर,
तेरी मनमोहक मुस्कान पर,
यूं ही कोई गीत लिखता रहे।
रहती हो यूं ही खुद में गुम,
आने वाले साल में ना रहो गुम।
बस यूं ही मुस्कुराते रहो,
आप को आप का ये, जन्मदिवस मुबारक हों।

18. बचपन

क्या दिन थे वो भी जब हम,
एक चवन्नी में ही,
ख़ुश हो जाते थे,
आज लाखों है फिर भी,
हमें कम लगता हैं।
जब हम गुड्डे गुद्दिओ के खेल में,
संसार बना लेते थे,
आज खुद की हवेलि बन गई हैं,
फिर भी छोटा लगता हैं।
जब हमे दिल से तौला जाता था,
आज हमे हैसियत पे नापा जा रहा हैं।
क्या दिन थे वो बचपन था,
ना कल की फिकर थी,
ना आज की चिंता।

19. नाज़ुक राही

पथरीला रास्ता, नाज़ुक उस का राही,
पन्नों पे ना लिख पाया वो स्याही से।
वो रोता रहा, लोग हंसते रहे,
ख़ुद के बचाव में बोल ना पाया कुछ।
रास्ते में थे मोड़ बहुत, वो था सीधा बहुत,
दुनियां के दस्तूर में ढलने से डरता था बहुत।
एक बूंद गिरी, एक आस जगी,
एक कली खिली, एक राह मिली,
एक दीप जला, एक आग लगी।
अब उन्हीं पत्थरों से, वो शहर बसा रहा हैं,
उसी स्याही से किताबों के पन्ने भर रहा हैं।।

20. यादों में हो

ये धूप हमें रोकती है उन्हे देखने से,
ये नीला आसमा हर पल सुनाए नए दास्ता,
लहेराती टहनीया मचलती ये तितलीया,
ले जाए मुझको उनकी यादों की कश्ती में,
ये लंबी राते अब उन की यादों के सहारे कटती हैं,
किताबों के पलटते पन्ने, मदहोश है उन यादों में,
हो ना पाए अब लब्ज़ में तब्दील,
अब तो यादों में ही बस गए हो।

21. रात का फ़रमान

बादल छाए हैं, भरा आसमान हैं,
लगता हैं, आज मौसम बईमान हैं,
खोल दे आज दिल की बंदिशें,
ये इस रात का फ़रमान हैं।
मोहब्बत सरेआम हैं, हाथों में जाम हैं,
जमा दो ये महफ़िलें,
ये इस रात का फ़रमान हैं।
ओंठो पे नाम हैं, आंखें हैरान हैं,
शाम ये उस के नाम हैं, वो महफ़िल की शान हैं,
ये इस रात का फ़रमान हैं।

22. तेरी चाल

चाल ऐसी चली तूने,
चाल ऐसी चली तूने,
तेरे ज़ुल्फो की गहराई में,
उतरने की ख्वाइश कर बैठा,
चाल ऐसी चली तूने,
तुझे सन्ने की चाह में,
दुनिया से रुख़ मोड लिया,
चाल ऐसी चली तूने,
तेरे नयनों की कतरार से,
इश्क कर बैठा,
चाल ऐसी चली तूने,
तेरे फरेब को इश्क समझ बैठा।
चाल ऐसी चली तूने।

23. जो तू मेरा हम सफ़र होता

जो तू मेरा हम सफ़र होता।
उम्र यूं ही पल पल गुजर रही होती,
बाते मुलाकातों का समा हो रहा होता,
ये जिंदगी बड़ी हसीन हो गई होती,
जो तू मेरा हम सफ़र होता।
दुनियां से शिकवा ना रहती,
चेहरे पे नकाब हमारे ना होता,
शाम हमारी जाम में ना डूबती,
जो तू मेरा हम सफ़र होता।
ये काली रात हमें भी लुभा लेती,
ये बूंदे हमें भी भीगा लेती,
यूंही हमारी बाग में भी फूल खिलते,
जो तू मेरा हम सफ़र होता।

24. मिलन की आश

बदल रहे आज रास्ते अपने,
जा रहे हो नए सफ़र पे,
कुछ पल में ज़िन्दगी की यादे दे जा रहे हो,
ढ़लती शाम के साथ,
सूरज के रंग छीन रहे हो,
अन्धकार ला रहे हो,
निकल पड़े हो नए सफ़र पर,
जा रहे हो छोड़ पुराने मुसाफ़िर,
नए मुसाफ़िर की ओर,
ऐ ज़िन्दगी तुझ से बस इतनी सी गुज़ारिश,
हमारी राह में एक मोड़ ऐसा लाना,
मिले कुछ पल के लिए फिर से,
ज़िन्दगी की राह में चलते चलते।

25. सफ़र अधूरा हैं

बिन तेरे ये राहे सुनी हैं,
ज़िन्दगी से बस इतनी ख्वाहिश हैं,
मिल जाए साथ तेरा,
तो दूर हो जाए खालीपन,
चलते चलते अकेले,
अब थक गया हूं इस भीड़ में,
एक ही गुज़ारिश हैं तुझ से,
चाहिए बस साथ तुम्हारा,
कर दे अपने अहसास से पूरा,
जिन्दगी का सफ़र अधूरा है।।

26. दोस्ती

जो बिना किसी वचन के निभाएं,
जो दूर हो कर भी पास हो,
जो लाखों की भीड़ में अलग से नजर आए,
जिसे देख के सारे गम भूल जाने का दिल करता हैं,
जो एहसियत नहीं दिल देखता हैं,
जिनकी गालियों में भी प्यार होता हैं,
वो कोई और नहीं मेरे सामने बैठे कुछ यार हैं।

27. समय का पहिया

समय का खेल तो देखो यारों,
समय का खेल तो देखो यारों,
जो कभी हमारे साथ थे,
आज वो समय के साथ,
अपना रंग बदल लिए।
समय का पहिया भी क्या निराला,
चलते चलते कितनों के रंग दिखा दिया।
जो कभी कहते थे हमें
जो कभी कहते थे हमें,
नहीं छोड़ेंगे साथ अंतिम मंजिल तक,
आज क्यू हमे बीच राह में छोड़ गए।
समय का खेल तो देखो यारों,
सब के रंग दिखा दिया हैं।

28. चलते चलते

आज फिर उसी मोड़ पे खड़ा हूं,
जिसे हम ने बरसो पहले छोड़ दिया था।
आज फिर से वो राह आ गई,
जहां से हमें गुजरने में डर लगता था।
ये डर अब क्यू,
मुझे तो तेरी सच्चाई पता है,
अब तो ये राह आसानी से निकल जानी चाहिए।
डर है,
कहीं बेहक ना जाए ये कदम फिर से,
ना रुक जाऊ इस राह में,
कहीं फिर से वही गलती ना कर लूं,
डर है तेरे साये का।
चलते चलते आज फिर उसी राह पे आ गया हूं।

29. राह के हवाले

निकल पड़ा हूं आज फिर इस राह पे,
ना जाने किधर जा के ये कदम रुकेंगे,
ना जाने कौन सी मंजिल,
हमारा इंतजार कर रही हैं
चलता जा रहा हूं, एक अंजान सफ़र पे,
चलता जा रहा हूं, एक अंजान सफ़र पे,
ये राह का अंत पता नहीं कब होगा,
किस मंजिल पे ये कदम रुकेंगे,
अब तो इन कदम ने अपने आप को,
कर दिया इस राह के हवाले,
ना जाने किस मंजिल पे होगा अंत।

30. इंतजार

जिस को देख के लगता है अपना सा,
अपना हो कर भी वो पराया है,
ना जाने किन बन्दिशों के चलते,
वो हम से नजरें चुरा लेते है,
अब बहुत हुआ ये नज़रों का खेल।
तुम्हे क्या पता, हम हर रोज़
सिर्फ तुम्हारी एक झलक के लिए जन्म लेते हैं,
तुम्हारे बिना ये जिंदगी अधूरी है,
इस जिन्दगी को बस सिर्फ तेरा नाम है,
जो अपना हो कर भी पराया हैं।
अब बस ये ही ख्वाइश हैं,
एक बार नजर को उठा के देख लो,
तेरा इंतजार आज भी हैं।

31. बदल देना हैं

बदल देना हैं, हर उस चीज को,
जिस ने हमारी कद्र ना कि हो।
बदल देना हैं, वक्त के उस मिजाज को,
जिस वक्त ने हमारा मज़ाक उड़ाया।
बदल देना है, उस लम्हे को,
जिस लम्हे ने हमें हर वक्त तड़पाया हैं।
बदल देना हैं, उस घड़ी को,
जिस ने हमारा इंतज़ार ना किया।
बदल देना हैं, हर उस चीज को,
जिस ने हमारी कद्र ना कि हो।

32. नादान रुक मत

नादान अभी रुक मत, तुझमें जिंदगी बाकी हैं,
मन्जिल दूर है अभी, हांसिल करना बाकी है,
यूं ही नहीं मिलती मन्जिल आसानी से,
करने पड़ते है, कितने ही इम्तेहान पास,
ये तो एक छोटी सी राह थी तुम्हारी मन्जिल की ओर,
अभी तो पूरी जिंदगी बाकी हैं,
जिंदगी की जंग में रखना अपने इरादे मजबूत,
कर लोगे कोई भी इम्तेहान पास।

33. समय निकल गया

उनके इंतजार में हम यूं ही रुक गए,
समय आगे निकाल गया, हम पीछे रह गए,
नहीं था पता हमे,
जिन का इंतजार कर रहे है,वो तो कब से निकाल गए,
जमाने ने भी कह दिया अब तो समय के साथ चलिए,
अरे जमाना क्या जाने क्यों हो गए हम पीछे,
नहीं है कोई ग़म हमे, उन की इस बेरुखी से,
कह दो उन से करते रहेंगे जिंदगी भर इंतेज़ार उनका,
चाहे जमाना हमे कितना भी पिछड़ा कहे,
समय आगे निकाल गया और हम पीछे रह गए।

34. चलते चलते

चलते चलते यूं ही मिल जाते है अजनबी,
कुछ राह में छूट जाते है, कुछ साथ चल देते है,
तुम भी हमे यूं ही मिल गए थे एक अनजाने सफर पे,
चल दिए तुम्हारे साथ अपनी राह छोड़ के,
कर बैठे थे हम तुम पे भरोसा, नहीं छोड़ोगे साथ हमारा,
हमे क्या मालूम था, किसी और के मिल जाने पे छोड़ देंगे साथ हमारा
कर बैठे थे हम तुम पे भरोसा,
छोड़ दिया था हमने अपनो का साथ,
तुम्हारे साथ चलने के लिए,
आज हम उन्हीं अपनो की तलाश में निकल पड़े है,
उसी उम्मीद में, थाम ले मेरा साथ,
तुम ने तो छोड़ दिया हमे, यूं ही अनजानी राह में,
अब नहीं रहा हमे भरोसा किसी राहगीर पे,
चलते चलते मिल जाते हैं कुछ अनजाने,
कुछ निकल जाते हैं, कुछ साथ चल देते हैं।

35. पुत्र को पिता का संदेश

आज एक खुशी का माहोल था,
घर में नए कदमों की आहट जो हुए थीं।
थी एक परेशानी, जिहान में हमारे,
ना कर बैठे वो गलती जो कर दी हम ने,
था बताना उसे पिता बनने का महत्व,
कह बैठा आज कुछ जरूरी बातें।
देना समय पुत्र को, पैसों से ज्यादा,
रहना साथ उस के, लम्हों से ज्यादा,
समझना उस के जज़्बात को, क्रोध से ज्यादा,
देना प्यार उसे, इस जहां से ज्यादा,
रहना हर पल उस के साथ, समय से ज्यादा,
पुत्र मोह में ना भूल जाना,
सच्चे और जूठ का पाठ पढ़ाना।
ये याद रखना की हर बार तुम्हें,
अपने बच्चे को समझना होगा,
कभी प्यार से तो कभी डांट से।
जिम्मेदारियों का मतलब बताना होगा,
सबको साथ लेकर चलना और,
सब को खुश रखना सीखना होगा।
तुम अब सिर्फ मेरे बेटे नहीं,
एक पिता का फर्ज निभाने जा रहे हो,
बस हर पल ख़ुद को तैयार रखना।
मुश्किल बहुत है ये सफ़र,
बस तुम्हें इस रास्ते पे,

संभल के गुजरना होगा।
सीखा बैठा आज मैं अपने पुत्र को,
पिता का फ़र्ज़।

36. पुत्र का हाल ए दिल

आज भी हुई शुरुआत दिन की,
उन्हीं पुराने दिनों की तरह,
पर था कुछ नया इस ढलती शाम में।
थे छलक रहे जाम के प्याले,
दुनिया के सबसे अनमोल रिश्तों के बीच।
था साथ आज मेरे बेटे का,
अब वो बड़ा हो गया था।
कुछ पलों के बाद,
बेटे ने दिल की बात ज़ाहिर कर दी आज,
हुआ गर्व जब वो ख़ुद बोला,
आज अपने दिल की बात।
था मैं गुस्सा तोड़ा...
पर वो था खुश बड़ा,
कर गया था मैं अपना गुस्सा शांत,
जब देखी मुस्कान उस के चेहरे पे।
उस की खुशी में थी मेरी खुशी,
था अपनाया मैंने,
अपने के दिल की बात को।
था आज गर्व मुझे,
वो खुल के बोला था मुझे,
अपने दिल की बात।

37. देर कर दी

तूने तो मुझे समझा ही नहीं,
फिर कहती हो,
हम ने कहने में देर कर दी।
ना जाने कितनी रातें,
निकली हैं तेरे ख्यालों में,
फिर कहती हो की,
हम ने उठने में देर कर दी।
जब आई थी सवर के तू,
हमारी पलके भी झपकना भूल गई थी,
पगली फिर कहती है,
तुम ने नज़रों से घुस्ताकी कर दी।
हर पल बिताया हैं उस की याद में,
फिर कहती है वो,
समय ना दिया हम ने।
जो धड़कती है सीने में,
बन के धड़कन हमारी,
आज उस ने कह दिया,
कोई और ढूंढ लो,
ये कह कर उस ने सांसे थाम ली हमारी।
वो तैयार हैं चुकाने को,
हर कीमत मोहब्बत की,
ये कह के कसम से उस ने,
बाजार में मेहब्बत की,
नीलामी कर दी।

थी जो ख्वाब का हिस्सा हमारी,
उस ने ख़ुद को किसी को सौप कर,
मेरी मेहब्बात की नुमाइश कर बैठी।
बड़ा ही घमंड हो गया तुझ को अपने नसीब पे,
समेट के अपने हिस्से की सारी खुशियां,
जा तुझ को आज मैं आबाद करता हूं।
आज वो पगली कहती हैं,
हम ने दिल की कहने में देर कर दी।।

38. ज़िंदगी एक दिखावा

ज़िंदगी तो बस एक दिखावा हैं,
मुस्कुराते रहें, रोना किस बात का।
सफ़र ए ज़िंदगी में चलते रहे,
मिली मंजिल तो अच्छा,
वरना क्या पाया क्या खोया।
ज़िंदगी तो बस एक दिखावा हैं,
दूसरो को देख के जलना क्यूं,
यहां कोई मोटा, तो कोई पतला हैं,
जितनी हो जमीन उतना ही चलना हैं,
जो ज्यादा फैले तो क्या चलना हैं,
ज़िंदगी तो बस एक दिखावा हैं,
ना करो कोई शिकायत,
ना ही मांगों कोई मुराद,
बस सब्र रखो जनाब,
होगा वहीं जो कर्म हमने किए।
ज़िंदगी तो बस एक दिखावा हैं

39. ये ज़िंदगी

अंधेरे राहों पे चल रहा हूं,
राह से ना भटक जाऊ,
इस लिए ख़ुद को जला रहा हूं।
इस जलन के साथ जी रहा हूं,
हर रात बस यही दोहरा रहा हूं।
जी रहा हूं हर लम्हा,
यूं ही ख़ुद को जलाते हुए,
जलन होती है मुझे भी,
जब बारिश आती हैं।
सवेरा होते ही भुझा देता हूं,
अगली रात के लिए,
चिंगारी जो बचानी हैं।
जब बादल आते हैं,
जलाना पड़ जाता हैं,
ख़ुद को दिन में भी।
जीने के इन पलों में,
ख़ुद को अलेका ही पाता हूं,
हर मोड़ पे ख़ुद को,
अकेला ही पाता हूं,
ना जाने क्यों ऐसी है,
ये ज़िंदगी।

40. तेरा जिक्र

ये कागज़ अल्फाज़ शायरी मेरी है,
पर इस में सिर्फ तेरा ज़िक्र है।
ये जज़्बात चाहत एहसास मेरा है,
पर आगोश का दायरा तेरा है।
ये जिस्म सक्ल रूह मेरी है,
पर इस पे अब हक तेरा है।
ये आदत फितरत जरूरत मेरी है,
पर इसे बदलने का हक तेरा है।
ये जिदंगी सीना और उस की सांसे मेरी हैं,
पर ये दिल अब सिर्फ तेरा है।
ये कागज़ अल्फाज़ शायरी मेरी है,
पर इस में अब सिर्फ तेरा ही जिक्र हैं।

41. तन्हा मुसाफ़िर

अब ज़िंदगी को हम,
तन्हाही के घेरे में ला बैठे हैं,
हर मंजिल के अंत में,
ख़ुद को ही खड़ा कर बैठे हैं।
इस तन्हाई से अब हम,
अपना रिश्ता कर बैठे हैं,
ज़िंदगी को अब हम,
अकेलेपन में ला बैठे हैं।
सफ़र में आगे बड़ने की चाह में,
पुराने रिश्ते दूर कर बैठे हैं,
अब तो मैं अकेला मुसाफ़िर,
बन बैठा हूं।
नेताओं की तरह,
मित्रों के साथ के वादे मिले,
अब तो अकेले चलने की,
आदत सी कर बैठे हैं।
ज़िंदगी को अब मैं,
तन्हाई के घेरे में ला बैठा हूं,
अब अकेले चलते चलते,
तन्हा मुसाफ़िर बन बैठा हूं।

42. प्यार और बाजार

जिस्म के बाजार में आज,
दो पल का प्यार खरीदने आया हूं।
सक्ल की दुनियां में,
दिल लेके आया हूं
जिस्म के बाजार में आज,
दो पल का प्यार खरीदने आया हूं।
इस बाज़ार में ख़ुद को बेचने आया हूं
जिस्म को चाहने वालो के सामने,
आज दिल रखने आया हूं।
जिस्म के बाजार में आज,
दो पल का प्यार खरीदने आया हूं।
जहां जिस्म की नुमाइश होती हैं,
वहा दिल को खोलने आया हूं,
बेवफाई में वफाई करने आया हूं।
जिस्म के बाजार में आज,
दो पल का प्यार खरीदने आया हूं।
दो पल के साथ में,
ज़िंदगी भर का साथ ढूंढने आया हूं,
नेताओं की नगरी में,
हरिश्चंद्र बन के आया हूं।
जिस्म के बाजार में आज,
दो पल का प्यार खरीदने आया हूं।
सुंदरता की भीड़ में,
मेली सकल और साफ़ दिल,

लेके आया हूं।
जिस्म के बाजार में आज,
दो पल का प्यार खरीदने आया हूं।
सक्ल की दुनियां में,
दिल लेके आया हूं।

43. मतलबी राही

मिला एक राही यूंही सफ़र में,
साथ ऐसा हुआ जैसे कोई ख़्वाब,
ख़्वाब जो सच ना हो सके,
पर ना जाने कैसे और कब,
वो तो हकीक बन रहा था,
सफ़र सुहाना होता जा रहा था,
पर मंजिल भी आ रही थी,
ना जाने किस पल,
कौन सी गलती कर बैठे,
ख़्वाब सी जिंदगी,
तन्हा बन बैठी,
और मैं फिर से,
तन्हा मुसाफिर बन बैठा,
उस के फरेब में अब मैं,
कुछ इस कदर डूबा हूं,
हर राही उसी सा लगता हैं,
तन्हाही ही भा गई हैं अब तो,
ना चाहिए किसी का साथ,
अब तो बस तन्हा ही गुजरना हैं,
डरता हूं कुछ यूं,
ना चाहिए अब साथ किसी का,
अब तो तन्हा ही,
मंजिल पे जाना हैं।

44. ख्याल और तुम

एक ख्याल से हो तुम,
रात के हंसी सपने से हो,
सुबह की पहली किरण से हो,
रात की चांदनी से हो,
जो सब को भाए वो लम्हा हो तुम।
मयूर की बारिश हो,
भंवरे की कली हो,
सब की पहली पसंद हो तुम।
राही की मंज़िल हो,
भूखे की रोटी हो,
अंध की आंख हो,
तुम सब की वो ख्वाइश हो।
कवि की कलम हो,
संगीत के सुर हो,
नृत्य की ताल हो,
तुम वो हसीन चाहत हो।
दीप की ज्योत हो,
सफ़र की राह हो,
दिल की धड़कन हो,
वो हसीन जरूरत हो तुम।
अनदेखा ख्वाब हो तुम,
एक ख्याल सी हो तुम।

45. ख़ामोश राही

सफ़र ए ज़िंदगी में चलते चलते,
युही एक अंजान राही मिल गया,
साथ कुछ इस कदर हुआ,
हर राह मोड़ पे उसी को पाया,
था एक अनजाना सा राज छुपाएं,
नजर उठाई तो सूरत छुपा ली,
आवाज़ लगाई तो शब्द दबा लिए,
मिला एक मुसाफिर ऐसा भी,
साथ हर पल रहा उस का,
सूरत छुपाए और शब्द दबाए,
मिला कोई हमे सफ़र में चलते चलते।

46. प्याला

अब भी वही प्याला हैं मेरे पास,
बिन तेरे में चाय तो नहीं,
पर शराब जरूर पिता हूं।
ना ही तुझ से, ना ही चाय से,
कोई नाराज़गी नहीं हैं हमें,
अब ये प्याला भी रोता हैं, मेरी तरह,
अपनी चाय की खातिर,
पर क्या करे अब, इस प्याले को,
शराब ने पसंद जो कर लिया हैं

47. याद हैं मुझे

हां आज भी याद हैं मुझ को
मुझे देख तेरी पलकों के पीछे छुपी, नज़रे का मचल जाना,
वो मस्ती मुझे तेरी ओर खींच लाई थी,
मेरे देखने पे तेरा गुलाब सा खिल जाना,
मेरे मुड़ने पे तेरा टूटे कांच सा बिखर जाना,
तेरी जुल्फों की गहराई,
मानो जैसे काली घटा छाई हो।
हां आज भी याद हैं मुझ को
हां आज भी याद हैं मुझ को
वो बच्चों की तरह तेरा रूठना,
वो तेरी आंखों की लड़ाई,
वो मेरे दिल को लुभा गई।
वो तेरा मेरे सफ़र में यूं जुड़ जाना,
और अगले मोड़ पे मुड़ जाना,
हां आज भी याद हैं मुझ को
हां आज भी याद हैं मुझ को

48. प्रिय जिन्दगी

ए ज़िंदगी अब कोई खता नहीं है तुझ से,
जो था बहुत ही सुंदर था तुझ से।
जो यादों का कारवां तूने दिया,
कुछ गुलाब से खिल गए,
तो कुछ कांटों से चुभ गए,
कुछ ज़िंदगी के हंसी लम्हें बन गए,
तो कुछ ज़िंदगी की समझ दे गए।
ए ज़िंदगी अब कोई खता नहीं है तुझ से
सुबह की किरन तू बनी,
रात का अंधेरा भी तू बना,
हंसी पल तूने ही दिया,
गम का कारवां भी तू ही लाया।
ए ज़िंदगी अब कोई खता नहीं है तुझ से,
जो था बहुत ही सुंदर था तुझ से।
ए ज़िंदगी अब कोई खता नहीं है तुझ से।

49. आखरी सांस की ख्वाइश

चला हूं बिछड़ आज तुझ से कोसो दूर,
सफ़र पे चलते चलते,
आज आखरी सांस भी साथ छोड़ चली,
ए हमसफ़र था बस इतना ही साथ हमारा।
हर लम्हा ज़िंदगी का साथ निभाया हैं,
अब आखरी लम्हा साथ निभा के जा रहा हूं,
मिलों का सफ़र तय किया साथ हम ने,
अब एक पल में छोड़ के जा रहा हूं।
सताएगी कुछ पल याद हमारी तुम्हे,
उन पल के लिए माफ़ी मांगता जा रहा हूं,
अब रो ना देना बिछड़ जो गया हूं,
भूल ना जाना चला जो गया हूं।
एक ख्वाइश करता जा रहा हूं,
हमारी संरचनाओं को संजो के रखना,
रहूंगा ज़िंदा इन्ही लेख में,
आए याद तो पढ़ लेना हमें।
सफ़र ए ज़िंदगी में चलते चलते,
अब आखरी सांस भी साथ छोड़ चली,
खता हुई हो अगर हम से,
माफ़ी मांगता चला हूं।

50. आखरी ख़त

प्रिय जिन्दगी,
क्यों लगाव हैं तुझे हम से,
ना तू मेरे साथ चैन से रहती है,
ना किसी और को मेरे पास आने देती है,
ना तू मौत को मेरे पास आने देती है।
क्या ही मज़ा आता हैं तुझे,
यूं पल पल रूठने के खेल में,
ना तू साथ रहती हैं,
ना मेरी चाहत को पास आने देती है।
बड़ी ही नटखट है रे तू जिंदगी,
मेरी महबूबा को ना तो मुझ से मिलने देती,
ना तू मेरे साथ रहती हैं,
क्यों इतनी जलन है तुझे मौत से।
तू अपनाती नहीं,
और जो अपना रहा हैं,
उसे पास आने देती नही,
मौत तो तड़प रही हैं,
मेरे पास आने को,
क्यों तू ऐसा करती हैं,
अब यार, या तो तू अपना ले,
या जो मेरे लिए है उस के पास जाने दे।
अब थक सा गया हूं,
यूं पल पल तड़प के,
अब या तू माशूका बन,

या मौत को मुझे सौप दे।
क्यों ज़िंदगी तुझे,
ना हम भाए,
ना हमारी माशूका भाइ।
मुसाफिर

51. मौत

किसी ने ज़िंदगी भर दो पल भी ना दिया,
आज हर कोई मेरे पास आ रहा हैं।
था गया तरश एक हाथ थामने को,
आज लोग कंधे दिए जा रहे हैं।
एक तोहफ़ा ना नाशिब हुआ हमे,
आज बगीचा लाया जा रहा हैं।
दो क़दम भी किसी का साथ ना था,
आज मंजिल तक साथ चल रहें हैं।
देखा तक ना था किसी ने हमारी ओर,
आज हर कोई पूछ रहा हैं।
कमबख्त आज पता चला,
ये मौत तो, ज़िंदगी से भी हसीन हैं,
हम तो खामखां,
ज़िंदगी यूं ही जीए जा रहे थे।

"एक ख्वाइश करता जा रहा हूं,
हमारी संरचनाओं को संजो के रखना,
रहूंगा ज़िंदा इन्ही लेख में,
आए याद तो पढ़ लेना हमें।"

"कमबख्त आज पता चला,
ये मौत तो, ज़िंदगी से भी हसीन हैं,
हम तो खामखां,
ज़िंदगी यूं ही जीए जा रहे थे।"

www.ingramcontent.com/pod-product-compliance
Lightning Source LLC
LaVergne TN
LVHW041238150826
845673LV00008B/2426

* 9 7 9 8 8 9 0 6 6 5 4 9 2 *